国家智库报告 2016（13）
National Think Tank

国 际 问 题 研 究

创造性维稳 开拓性求进
——中国周边安全形势评估报告
（2015—2016）

张蕴岭 任晶晶 著

CREATIVE MAINTENANCE OF STABILITY AND PIONEERING
ADVANCEMENT—THE EVALUATION REPORT ON THE
SECURITY SITUATION IN SURROUNDING AREAS OF CHINA
(2015-2016)

中国社会科学出版社

图书在版编目（CIP）数据

创造性维稳 开拓性求进：中国周边安全形势评估报告：2015—2016 ／
张蕴岭，任晶晶著 . —北京：中国社会科学出版社，2016.3
（国家智库报告）
ISBN 978 - 7 - 5161 - 7894 - 2

Ⅰ.①创…　Ⅱ.①张…②任…　Ⅲ.①国家安全—研究—中国—
2015 ~ 2016　Ⅳ.①D631

中国版本图书馆 CIP 数据核字（2016）第 063156 号

出 版 人	赵剑英	
责任编辑	王　茵	
特约编辑	陈雅慧	
责任校对	张依婧	
责任印制	李寡寡	

出　　　版	中国社会科学出版社	
社　　　址	北京鼓楼西大街甲 158 号	
邮　　　编	100720	
网　　　址	http://www.csspw.cn	
发 行 部	010 - 84083685	
门 市 部	010 - 84029450	
经　　　销	新华书店及其他书店	

印刷装订	北京君升印刷有限公司	
版　　　次	2016 年 3 月第 1 版	
印　　　次	2016 年 3 月第 1 次印刷	

开　　　本	787 × 1092　1/16	
印　　　张	3.25	
插　　　页	2	
字　　　数	50 千字	
定　　　价	12.00 元	

目　　录

周边安全环境对于中国外部安全的影响最大、最直接。在中国综合实力继续提升的背景下，中国的周边安全战略和政策正在发生由以应对为主向以构建为主的转变，这一转变对于国际格局的影响巨大而深远。当前，中国周边安全形势呈现出一些新动向，其中，最为突出的是中美战略性博弈凸显，南海问题升温，朝鲜半岛局势趋紧。总体来看，2015 年，尽管一些挑战性问题突出，但对中国总体安全大局的影响有限，热点问题没有引发大的冲突，中国周边地区和平发展的大环境基本上得到了维护。但是，2016 年，由于朝鲜半岛局势发生新的变化，发生冲突的风险增大，对中国的安全利益和周边安全大局有可能产生直接的威胁。因此，降低冲突风险，保持大局可控，是 2016 年中国周边安全外交的当务之急。

一　周边安全形势的特点

2015 年中国的周边安全形势可以概括为：大国博弈烈度增强，但总体关系格局基本稳定；热点问题突出，但仍具有可控性。具体来说，中国的周边安全形势呈现出以下四个特征。

第一，中国与多个大国为邻，大国关系具有关键性影响。总的来看，2015 年尽管出现了一些新的矛盾，但对话、协商与合作的基本态势仍然得以保持。尽管美国不是中国的周边邻国，但是美国的前沿军力和同盟网络近在眼前，对中国周边安全环境的影响既直接，又巨大。中美关系出现新的矛盾冲突点，围绕南海问题、网络安全等问题的博弈加深。但从总体上看，中美关系并未破局，新型大国关系的构建继续推进。2015 年 9 月，习近平主席访美增进了中美对彼此战略意图的理解，为两国在复杂形势下维护协商合作的大局巩固了基础。在新形势下，中俄全面战略协作伙伴关系不断深化，两国领导人保持密切交往，在双边和诸多地区与全球性问题上保持了良好的沟通与合作。中日关系止住了下滑的势头，中日韩领导人峰会恢复，为中日两国领导人创造了会晤的机会，中日民间交流取得新的进展。中印关系稳中有进，2014 年 9 月习近平主席访印和 2015 年 5 月莫迪总理访华增进了两国战略上的相互理解，推进了经济发展领域的务实合作，有助于边界地区的和平稳定。总之，大国关系稳中有进为中国营造良好周边安全环境提供了比较有利的基础。

　　第二，在中国周边地区的局部安全热点问题中，南海问题升温，战略对抗性增强；朝鲜半岛危局突现，风险性增大。中国建设南沙群岛部分岛礁，旨在提升对南海地区局势的掌控力，被美国视为改变地区权力结构现状的进攻性举措，引起了美国的强烈反应。美国派遣飞机和军舰巡航示威，日本、澳大利亚等国也高调反对，声言派军舰或飞机显示力量，加上南海仲裁案仲裁庭对菲律宾就南海问题针对中国提出的诉讼做出裁决，使南海局势充满敏感性、复杂性和不确定性。面对对抗升级的风险，中国采取了"审慎而有定力的战略"，以战略韧性应对来自外部的急性反应，坚持通过对话化解分歧的大方针，避免了热点问题过度升级，在一定程度上争取了战略上的主动。在美国继续推进亚太"再平衡"战略、对南海问题的干预有所升级的背景下，中国坚持与美方就地区和世界重大问题保持协商与合作的大方向，并积极推进达成有关预防发生军事摩擦与碰撞风险的协议；在东海区域，中国继续坚持对钓鱼岛的常态化巡航，对东海油气资源进行正当开发，同时继续推动中日间的对话协商，力求为东海的紧张气氛降温；在东南亚地区，习近平主席 2015 年 11 月分别对越南和新加坡进行了国事访问，中越两国就维护南海局势稳定、推进全面合作达成重要共识，对稳定与改善东南亚地区的安全形势起到了积极作用；朝鲜半岛的对抗性局势没有改观，呈现出反复和不确定的特征，朝鲜于 2016 年 1 月、2 月进行的核试验与卫星发射让形势再次陷入危局，将中国置于了极为复杂的安全变局之中。

第三，以恐怖主义、网络安全、气候变化等为代表的非传统安全问题，在 2015 年继续引发高度关注。恐怖主义已成为全球安全领域的一个焦点，中国面临"东突"等恐怖组织的安全威胁，颁布了《反恐怖主义法》，为打击恐怖主义提供了法律保证，进一步加强了对暴恐犯罪的打击力度和境外势力渗透的防堵。在网络安全问题越来越突出、全球气候变化影响和威胁加剧的形势下，中国采取积极有为的政策措施，力求扮演负责任和有作为的大国角色。习近平主席访美期间，中美就网络安全议题，尤其是在共同打击网络犯罪方面达成了新的重要共识，由中国牵头召开的世界互联网大会提出了构建网络空间命运共同体的主张。在 2015 年 11 月底召开的巴黎气候变化大会上，中国方案对最终协议的达成发挥了重要推动作用。显然，中国在全球非传统安全治理中正在采取更为主动的行动和措施，发挥更加积极的作用。

第四，中国的周边外交彰显大国外交的特征。大国外交就是要有大视野、大战略和大手笔，发挥大国的作用，不为局部问题所纠缠，不被个别矛盾所羁绊。在当前复杂的周边安全形势下，中国外交继续坚持和平、发展、合作、共赢的主旋律，把塑造和构建稳定的周边安全环境作为重点，把"一带一路"作为推进大国外交的主场。中国发布了《推动共建丝绸之路经济带和 21 世纪海上丝绸之路的愿景与行动》文件，大力推动亚洲基础设施投资银行和新发展银行（金砖国家）的建立，设立了丝路基金，既着眼于推进新型发展合作，又旨在推动构建新型国家关系，有助于周边和平发展环境的塑造和命运共同体建设。与此同时，中国还继续积极参与和推动区域合作机制的建设，作出切实努力恢复了中日韩领导人会晤，提升了上海合作组织的合作化水平，并且积极推进军事外交，推动建立军事信任措施，与周边国家举行联合军事演习和训练等。总的来看，2015 年的中国周边外交呈现出积极、活跃、有作为的新特点。

二 新型大国关系构建

不走传统大国崛起的老路，做走和平发展道路的新型大国，是中国的国策。构建新型大国关系是中国做新型大国的重要实践。中国有众多周边邻国，其中与多个大国为邻，美国不是中国的地理邻国，但与中国的数个邻国有军事同盟关系，军事力量接邻，可以说是一个特殊的近邻大国。对于中国的周边安全环境来说，大国关系有着最为重要的影响。为此，在中国周边安全环境的塑造中，新型大国关系的构建居于十分重要的地位。正在构建中的诸多新型大国关系中，中美新型大国关系是重中之重，但与其他大国新型关系的建设亦十分重要。不冲突、不对抗，相互尊重，合作共赢，适用于与所有大国的新型关系建设。对周边安全环境构建而言，新型大国关系建设是中国在周边地区实施创造性维稳、开拓性进取战略的关键环节。

（一）中美关系：管控分歧，推进合作

2015 年，中美新型大国关系构建在复杂且充满风险的形势下艰难推进。由于中国综合实力继续加强，提升了在周边地区的安全构建能力，美国抓住南海问题不放，加紧做盟友的工作，加大对中国施压的力度，中美之间的战略竞争升级。在此情况下，保持管控分歧、稳定关系、推进合作、坚持构建中美新型大国关系的大方向至关重要。

2013 年 6 月，中美两国领导人在"庄园会晤"时，习近平主席提出"不冲突不对抗，相互尊重，合作共赢"三条原则，阐明了中美新型大国关系的核心内涵。此后，在奥巴马总统于 2014 年 11 月对中国进行国事访问期间，习近平又从增进战略互信、相互尊重、深化合作、管控分歧和敏感问题、相互包容以及共同应对全球性挑战等六个方面，提出了在双边、地区和全球等多层面推进构建中美新型大国关系的具体主张。尽管美方对这些提议和主张没有完全接受，但应该说，其基本精神是得到美国方面认可的。

2015 年 9 月 22 日至 28 日，习近平主席对美国进行国事访问。通过此次访问，中美双方在推动双边安全合作方面达成了新的共识。例如，双方在网络安全问题上承诺共同探讨网络空间的国家行为准则，确保互不攻击；在气候变化问题上，双方确认将在 2014 年中美联合声明的基础上强化合作，中方承诺出资 200 亿元人民币注入南南气候合作基金，并严格控制对国内外高污染高排放项目的投资，而美方则重申将向绿色气候基金捐资 30 亿美元；双方同意在一系列重大国际问题上加强沟通，并在地区安全特别是南海等问题上积极探索危机管控的途径，降低误判和冲突的风险。在此次元首峰会的影响下，中美关系逐步摆脱了 2015 年年初由美国国内对华政策辩论所带来的消极影响，开始在落实两国元首共识的基础上展开务实有效的双边合作。例如，2015 年 12 月 1 日，中美首次就打击网络犯罪及相关事项进行了高级别联合对话，并正式决定建立网络安全热线机制，以及时处理可能出现的问题。此外，双方还就网络安全个案、网络反恐合作及执法培训等达成了广泛共识，并致力于将这种合作打造成中美关系的新亮点。同时，两军交流取得

新的进展，中央军委副主席范长龙 6 月对美国的成功访
问推动两军在增进互信、管控风险方面迈出了新的步伐。
其中，在两国国防部于 2014 年签署的"两个互信机制"
（即建立重大军事行动相互通报机制和海空相遇安全行为
准则）中新增了"军事危机通报"和"空中相遇安全行
为准则"两个附件，成为 2015 年中美两军关系中的一个
亮点。

　　然而，作为超级大国，美国有自己的战略和自己认
定的做法，在维护美国霸权和主导地位方面不遗余力。
中国的南沙岛礁建设动了美国战略利益的"奶酪"，让
美国感到了战略上的威胁。为此，美国不仅采取了战略
警示行动（派遣战机、军舰前往南海有关海域巡航），
而且花大力气动员各方面力量，制造舆论，构建抵消中
国和平崛起的软硬环境，使人们在中美关系中不时感受
到对抗和冲突的气氛。

　　2015 年以来，美国加大了在南海问题上对中国发难
的力度。12 月 10 日，美军一架 B－52 战略轰炸机在执
行例行飞行任务时突然"无意间"飞入中国南沙群岛华
阳礁上空 2 海里范围内。此举引发了中国外交部和国防

部的抗议和严正交涉。美国的行为表明，美国已将南海问题作为了其推进亚太再平衡战略、牵制中国崛起的"抓手"，因此，双方围绕南海问题的博弈将是一个长期的过程。再有，在台湾地区面临领导人更替的敏感时期，奥巴马政府于 12 月 16 日决定对台出售价值约 18.3 亿美元的武器，引发了中方的高度关注和强烈抗议，使中美关系因台湾问题再次出现波折。这表明，台湾问题将有可能再次成为中美安全关系中一个带有很大风险性的问题。

在美国的冲力面前，中国保持了定力，对美国的挑衅进行了谨慎、适度的反应。中国坚持南海有关争议应由直接当事方谈判解决、中国和东盟国家共同维护南海和平稳定的基本立场，推动美方派军方高官访华，就相关问题进行对话，使得紧张的气氛得以缓和。中国清楚，美国不会停止对中国的战略围堵，一定会继续使出各种办法，压制中国拓展战略空间的各种努力。美国之所以要表现出对中国的战略强势，是出于自身利益和维护其亚太地区主导地位的需要，只要美国认为有能力和有必要，就会继续做下去。美国认为自己还是老大，地位不可侵犯，因此，不愿原封不动地接受中国关于"相互尊重"的主张，因为美国认为中国是要与美国"平起平坐"，让美国接受中国为"实力和作用相当的大国"。尽管中国一再表示要继续参与并维护现行国际体系，但美国从现实主义的认知出发，对中国的真实战略意图抱有深度的怀疑和不信任，因此，要竭力打破中国对自身"核心利益"的圈定，保持对中国崛起态势的压制力和构筑制约中国发挥影响力的同盟体系。

在中国的综合力量快速提升和影响力不断扩展的情况下，美国国内的舆论导向发生了向不信任中国的方向变化。美国前国防部官员白邦瑞（Michael Pillsbury）提出，美国必须警惕中国一直以来所推行的"韬光养晦"政策。他认为，中国有一项旨在最终取代美国成为全球超级大国的"秘密战略"。罗伯特·布莱克威尔（Robert Blackwill）和阿什利·泰利斯（Ashley Tellis）提议，美国应该大幅调整对华战略，要更加突出军事力量和增强盟友体系。为此，华盛顿知名中国问题学者戴维·兰普顿（David Lampton）警告称，中美关系已经到达一个走向冲突的"临界点"。

总之，2015 年的中美关系依然呈现出竞争与合作并存的双重特征，但竞争性的一面有所上升和强化。虽然两国关系 2015 年下半年出现了明显改善，但双方围绕一系列新老问题的分歧和矛盾并未得到根本解决。因此，有效管控分歧，稳定双边关系的大局，让中美构建新型大国关系的大方向不发生逆转，符合双方共同的利益认知。

（二）中日关系：保持对话，力避关系继续下滑

中日关系紧绷，在诸多领域直面竞争，安倍政府强推解禁集体自卫权，提升与美国的军事合作水平等，成为影响中国周边安全环境的突出因素。面对复杂的中日关系，中国继续保持与日本在各领域的对话，不断采取积极措施，力求阻止两国关系继续下滑的势头。

日本继 2014 年以内阁决议方式解禁集体自卫权后，日美两国于 2015 年 4 月安倍访美之际，公布了新版《日美防卫合作指针》，将解禁集体自卫权的内容纳入其中，使日美同盟关系踏上了历史转折点。首先，此次调整标志着日美之间的安全合作已由离岛防卫等"传统安全合

作"发展为包括太空和网络等新兴领域在内的"全方位安全合作";其次,此次调整使得日美安全关系从"区域性安全合作"拓展为"全球性安全合作",从而使日本获得了更加广阔的军事活动空间。更为重要的是,此次调整促使日美同盟开始由过去的"从属型同盟"向更为平等的"互助型同盟"转变,在日本自卫队的作战任务问题上明确冠以"自主施行"的行动原则,从而增加了日本行动的灵活性及其与美军之间的平等性。调整后的日美同盟将由"防御性为主"转变为"极具进攻性",特别是规定日本武装力量的职能将不再局限于"自卫",而是可以进行"他卫",这就意味着日本可以对别国发起武装攻击,甚至可以是先发制人的打击。总之,此次《日美防卫合作指针》的再修订无疑将日美两国的同盟关系推向了一个历史的新高点。

在上述新《指针》公布后,安倍政府立即于5月向日本国会提出了《武力攻击事态法》《国际和平支援法》以及《重要影响事态安全确保法》等十余个具有"战争立法"性质的安保相关法案。6月,日本防卫相中谷元更是在众议院特别委员会会议上就"专守防卫"的基本政策表示，"鉴于修改了宪法解释允许行使集体自卫权，'专守防卫'的概念已经改变"。此后，安倍又推动于9月19日在国会参众两院强行推动通过了新安保法案，单方面扩大了日本行使武力的空间和权限，从而达到了使日本相关国内法能够与行使集体自卫权以及新版《日美防卫合作指针》相匹配的目的。很显然，这样一来，第二次世界大战后日本一直奉行的"专守防卫"理念及政策被彻底颠覆，其武装力量在世界范围内扮演一种更具进攻性角色的可能性随之骤然增加。

安倍政权的安保政策具有十分明确的指向性，即推动日本向"正常国家"的目标迈进，把应对中国崛起作为主要对象。为此，日本大力提升本国军力，在诸多方面加强与中国的竞争，以所谓"积极的和平主义"为幌子，扩大对地区安全事务的参与。日本针对中国进行军事部署，尤其是海上军事部署，抓住南海问题，寻求直接参与的机会，包括加强与菲律宾、越南的军事合作，表示将在南海进行巡航等。

总体来看，日本的对华政策依然遵循着原有的路径，在外交和安全问题上，日本继续积极与美国及周边个别国家密切配合以制衡中国。2014 年年底，中日两国领导人就发展两国关系达成"四点原则共识"。由此，中日关系持续下滑的势头得到抑制。2015 年 4 月 22 日，习近平主席在雅加达出席亚非领导人会议期间会见了安倍，双方一致同意积极落实"四点原则共识"。5 月 23 日，日本各界 3000 人访华并同中方在北京共同举行中日友好交流大会，习近平在讲话中强调，中日双方应该本着"以史为鉴、面向未来"的精神，共促和平发展，共谋世代友好，共创两国发展的美好未来，为亚洲和世界和平做出贡献。11 月 1 日，中断三年之久的中日韩三国领导人会晤重新启动，三国领导人就加快中日韩自由贸易协定谈判进程达成重要共识，这无疑对于止跌回升的中日关系有所暖化。

当前，中日两国都有管控分歧、力避双边关系下滑的需求。当然，中日关系处在力量对比变化的转圜期，双方政策都受到多种因素的影响，实现"冬去春来"难度不小，尤其是安全领域的彼此认知与机制对接还存在巨大裂隙，围绕钓鱼岛、东海、南海问题的正面竞争与博弈还将继续，仍然存在"擦枪走火"的风险。

（三）中俄关系：合作基础不断拓宽

中俄关系无论是在战略高度、合作内容，还是在合作广度、合作深度上，都实现了进一步拓展和延伸，俄罗斯成为中国周边安全环境构建中一个重要和关键的稳定因素。在 2015 年的中俄外交互动中，最为引人注目的无疑是习近平主席于 5 月出席俄罗斯纪念卫国战争胜利 70 周年庆典和普京总统 9 月来华参加中国人民抗日战争暨世界反法西斯战争胜利 70 周年阅兵庆典。这表明，在重大战略利益问题上，两国互相关照与支持，特别是在西方拒绝参加的情况下，凸显了双方作为两个大国相互支持的重要性。

习近平主席和普京总统在 2015 年的 5 次会晤中，达成了中俄关系"三个不变"的重要共识，即无论国际和地区形势怎么变，双方坚持巩固和深化中俄全面战略协作伙伴关系的方针不变，致力于实现两国共同发展振兴的目标不变，携手捍卫国际公平正义及世界和平稳定的决心不变。从莫斯科到乌法，从北京到安塔利亚、巴黎，中俄两国元首就双边关系发展作出了一系列重要部署，并就国际和地区安全形势深入交换意见，使得中俄关系朝着互信更深、合作更实、成果更丰的方向发展，夯实了中俄新型大国关系合作的基础。

两国军事合作的水平进一步提升，两军分别在地中海和日本海举行了"海上联合—2015"（Ⅰ）、（Ⅱ）两场大规模军事演习；中国军队在莫斯科举办了"中国军事文化周"活动，中国军队和俄军方阵分别参加莫斯科"5·9"庆典阅兵和"9·3"阅兵，增进了两军之间的交流与了解。

"一带一路"是中国提出的重要战略倡议，为中俄在欧亚地区的合作拓展了广阔的地缘空间，提供了深化合作的新契机。5月，中俄双方签署《关于丝绸之路经济带建设和欧亚经济联盟建设对接合作的联合声明》，为深化双边合作提供了新舞台。同时，两国还在重大国际问题上彼此呼应，切实加强在上海合作组织、金砖国家、二十国集团等多边框架内的协调与合作。

当前，中俄两国都面临发展上的新挑战。中国方面的挑战主要来自经济发展转型，美国加大战略压力；俄罗斯则直接受到西方的制裁，经济增长大幅度下降，因深度参与叙利亚反恐而身处恐怖主义威胁的最前沿等。在如此复杂困难的形势下，中俄两国能够保持战略协调，并不断拓展和深化合作领域，实属难得。

（四）中印关系：构建新型发展中大国合作关系

印度在中国周边安全中居于非常重要的地位，一是由于中国与印度仍然存在边界争端；二是由于中印两国同属崛起中的发展中大国，两国存在利益和影响力上的竞争。前者需要两国管控分歧，稳定局势，防止发生冲突；后者需要两国增加互信，发展合作，构建新型发展中大国合作关系。

2015 年，中印两国开展了一系列高层互访，其中包括印度总理莫迪于 5 月成功访华，中共中央政治局常委、全国人大常委会委员长张德江 6 月成功访印，中国国家副主席李源潮 11 月成功访印。莫迪总理访华取得了令人瞩目的成果，包括签署价值 220 亿美元的贸易协议，在两军总部间建立热线联系，以及增设边防会晤点加强地方军事指挥官交流等，把两国关系推向了新的高度。在印度内政部长辛格 11 月访华期间，中印首次同意加强在南亚地区的反恐合作，这对于双方安全合作水平的提升及中国周边安全局势的稳定具有非常重要的积极作用。

2015 年，中印边界未发生较大规模的对峙事件，边界局势始终处于可控状态。两国举行了第 18 次边界问题特别代表会晤，尽管双方仍未就边界争端的核心问题达成共识，但一致同意维持边境地区和平稳定的现状，并为此细化了加强相互沟通的安排，这有助于边境地区和平与稳定的维护。2015 年 10 月，两国军队在昆明举行了联合反恐军演和训练。尽管印度加强了与美国的军事安全合作，但总的来看，印度力图避免加入美国遏制中国的阵营，尽可能在中美之间维持适度的平衡。特别值得指出的是，印度积极支持和参与由中国倡议成立的亚洲基础设施投资银行，在气候变化等领域同中国保持积极协调与合作，凸显了两国在推动新型发展合作方面的共同利益与合作空间。

当然，中印关系中的一些新老问题在新形势下也会不时浮现出来。例如，2015 年 9 月在布尔察附近就发生了两军对峙事件，经过双方及时沟通才得以化解。印度继续提升军力，有着很强的针对中国的意图。据报道，印度为加强在中印边境地区的武力使用，正努力设法从美国采购约100架、价值20亿美元的最新型"复仇者"无人机，以便在更广地域范围内对中印边境争议地区实施监控。印度提升与美国、日本的军事安全合作水平，邀请日本参加印美海上联合军演，积极推进同越南、菲律宾的安全合作，积极参与南海事务等，都同抵消中国不断扩展的地区影响力密切相关。中印之间这种竞争与合作并存的关系，需要双方保持沟通与协调，让构建新型发展中大国合作关系的方向不偏离轨道。

由于印巴之间的矛盾根深蒂固，中巴合作对印度仍然具有较强的敏感性。中巴经济走廊建设令印度不快，印度官方公开表示反对，媒体一再炒作。中国提出21世纪海上丝绸之路建设，印度本应是重要参与者，但印度担心该计划的实施将会扩大中国在印度洋地区的影响力，从而削弱印度在该地区的主导地位，因而态度消极。印推出"升级版"东进战略不乏应对"一带一路"的考虑。此外，印度对孟中印缅经济走廊也不太积极，是走廊建设进展缓慢的原因之一。在此情况下，中国需要从构建周边命运共同体和发展新型发展中大国合作关系的大局出发，坚持把经济合作作为中印关系的主渠道，扩大共同利益基础，有效管控彼此分歧。

中印之间的新安全关系建设需要耐心和信心，需要"避轻就重"，要求双方不因一时一事的分歧，甚至摩擦影响双边关系的大局，一些误解需要通过沟通加以化解，一些问题，特别是边界争端，需要有足够的耐心和智慧加以把握、处理与解决。像中印这样两个同处上升期、存在领土争端的发展中大国，双边关系中必然会有"竞争性矛盾"和"不信任情结"存在。但是，出于对各自发展利益的考虑，上述不利因素的存在不应成为双方对于共同利益认知的障碍。中印关系不同于中美关系那样的崛起大国与守成大国之间的战略性矛盾而充满风险和对抗性。

三　周边安全热点问题观察

2015 年以来，南海、朝鲜半岛、钓鱼岛及东海在中国周边安全环境的演变中分别扮演了不同的角色。南海问题热度上升，朝鲜半岛冲突风险增大，钓鱼岛及东海风险犹存。不同地缘板块的交织搅动，给中国周边安全环境的构建平添了新的不确定因素。

（一）南海问题：热度上升

南海问题成为热点中的热点，其中一个最大变化是美国从幕后走向了前台，中美在南海问题上的战略博弈明显升温，从而使南海地区的紧张局势加剧。由于中国在中国南沙群岛几个岛礁进行陆域吹填和相关建设工程，美国开始在南海问题上对中国公开发难。2015 年 5 月 8 日，美国国防部发布《中国军力和安全发展报告 2015》，指出中国在南海正在推进"可用做作战基地"的大规模填海造地工程，并批评此举"违背了实现和平与稳定的地区愿望"。随后，美国国务院负责亚太事务的助理国务卿拉塞尔表示，"无论中国在南海的岛礁上堆积多少沙子，都无法制造出主权"。5月20日，美国国防部允许CNN记者登上美军反潜巡逻机随同采访，飞越了南沙永暑礁周边海空域。7月，美国太平洋舰队司令斯科特·斯威夫特亲自登上美军P-8A"海神"侦察机，参与了在南海上空持续7小时的飞行侦察任务。10月27日，美国海军"拉森号"导弹驱逐舰以所谓"维护地区航行自由"为名，驶入中国南沙群岛渚碧礁和美济礁12海里范围内巡航，遭到两艘中国海军舰艇的监视、跟踪与警告。对于美方上述威胁中国主权和安全的行为，中方明确对其进行了警告，表示如果美国继续在南海争议海域"进行危险的挑衅行动"，中美双方极有可能"发生严重紧迫局面"。美国国防部宣称，今后美军将继续派遣军舰进入中国南海岛礁12海里范围内开展巡航行动，这意味着美方的挑衅行为将有可能常态化甚至制度化。11月5日，美国国防部长阿什顿·卡特登上正在南海巡弋的美国海军"罗斯福号"核动力航空母舰，并再次指责中国"试图破坏地区稳定和力量均衡"。11月8日，美军又派遣两架B-52战略轰炸机在南海执行巡航任务，并飞进中国施工的南沙群岛有关岛礁周围空域。12月10日，美军两架 B－52 战略轰炸机"误闯"中国南沙华阳礁上空 2 海里范围之内。美军的上述挑衅行动构成了对中国南海主权主张最为严重的干涉和挑战，恶化了地区安全局势。对此，中国外交部长王毅于 12 月 20 日同美国国务卿克里通电话，要求美方立即停止派舰机到中国南沙岛礁附近海域炫耀武力，同时中国军方也要求美方"立即采取必要措施杜绝此类危险行动再次发生"。然而，美国的挑衅却不断升级。2016 年 1 月 30 日，美海军"威尔伯号"导弹驱逐舰在事先未向中方通报的情况下，驶入中国西沙群岛建岛海域 12 海里，并声称"无害通过"。不难看出，随着美国军舰公开巡航南海岛礁行动的常态化，美国政府改变了此前在南海问题上居于幕后进行挑动、干预的做法，开始走上了与中国直面相对的前台，从而使得中美两国在南海地区的战略博弈进入了一个新的阶段。

那么，美国为何要加大对于南海问题的直接参与呢？大体上可以从三个层面来解释：一是把南海问题当作制约中国作为的"抓手"。在亚太地区国际政治中，没有哪个问题比南海问题更容易被抓住，且可以得到诸多国家的支持（其中既包括与中国有领土海洋争端的国家，也包括那些担心中国控制南海、希望借此获利的国家）。二是所谓"规则之争"。美国没有签署《联合国海洋法公约》，但是却时时利用《公约》的一些模糊原则为己所用，比如，专属经济区的划分原则、领海的无害通过原则等。三是借机加快"重返亚洲"的步伐，加大在该地区的军事存在。尽管美国声称并没有改变在南海领土争端中不持立场的原则，但却利用争端最大限度地获得了话语权和影响力，极大地推动了其"重返亚洲"战略的实施。

与美国的高调干预相呼应，菲律宾也加大了对南海问题的炒作，妄图推波助澜，把事情闹大，制造紧张局势，从中渔利。2015 年 7 月 7 日至 13 日，由菲律宾时任阿基诺三世政府单方面提起的所谓南海仲裁案在荷兰海牙举行听证会。菲方派出了由 60 人组成的超大规模代表团，大肆造势。南海仲裁案临时仲裁庭决定受理菲方诉讼，使得南海问题变得更为复杂。为了获得国际支持，菲律宾还大打悲情牌，不仅在东盟内部做工作，寻求同情者和支持者，还在香格里拉对话会、东盟外长会议、东亚合作系列外长会议、东亚峰会，甚至联合国大会等多边场合不遗余力地炒作南海问题。2016年，菲新政府上台后就南海问题与我保持沟通。

与菲律宾相比，越南2015年在南海问题上没有采取过激的行动。在经历了2014年因"981事件"而发生的紧张对峙之后，越南目前的主要策略是在大幅度提升海军力量、抓紧时间进行自占岛礁扩建的同时，进一步深化同美国、日本、印度、澳大利亚，以及俄罗斯的军事合作，以形成对中国的巨大压力。值得注意的是，2015年中越政治关系稳中有进。4月越共中央总书记阮富仲访问中国，11月习近平主席访问越南，为两国关系的稳定发展定下了基调。双方同意就海上安全问题加强磋商和谈判，找到双方都能接受的办法，共同维护南海的和平与稳定。

2015年12月底，东盟共同体如期建成。中国坚持解决南海问题的"双轨"思路，继续与东盟加强合作，就"南海行为准则"（COC）同东盟继续进行磋商，双方推动建立了"中国—东盟海上搜救热线平台"、"中国—东盟应对紧急事态外交高官热线平台”，推进中国—东盟自贸区升级版谈判等。不过，一个鲜明的变化是，在南海问题上，东盟内部并未形成统一立场，但协调在加强，南海问题正在被提上东盟的集体议事日程。例如，2015年东盟外长会议发表的《联合公报》罕见地就中国在南海的吹填行动表示关切，认为“有关行为在南中国海地区削弱了信任，增加了紧张，破坏和平、安全与稳定”，声称将采取“预防性措施”，轮值主席国马来西亚还呼吁东盟国家组建联合维和部队巡逻南海等。

南海问题持续升温，但总体仍可控。走到今天这个地步，是很多人未曾预料到的。如果任其发展下去，很有可能失控，甚至发生不测。因此，防止南海问题成为破坏地区和平的“定时炸弹”，甚至是战争的策源地，继续保持与东盟的沟通协商，通过共同努力，加强合作，管控分歧，拓展合作的共利点，就变得十分紧迫而重要。

（二）朝鲜半岛：冲突风险增大

在2015年的大部分时间里，朝鲜半岛处于不稳定状态，尽管大的冲突没有发生，但是风波迭起，险象环生。

为了回应美韩联合军演，朝鲜在 2015 年内进行了多次远程导弹试射，用以向外界展示其战斗力量。此外，朝鲜还于 5 月在东海地区以潜射方式试射了弹道导弹，并在 10 月建党 70 周年阅兵时重点展示了号称"能够打到美国本土"的远程导弹。

8 月，朝鲜因韩国启用"三八"线高音喇叭对朝广播而向韩国发出"最后通牒"，并对韩国进行了两次炮击。此间，两名韩军士兵在朝韩边境韩国一侧巡逻时被朝鲜埋设的地雷炸伤，造成"地雷事件"，引发韩国政府的强力谴责，一度使双方关系变得剑拔弩张，随时都有爆发冲突的风险。最终，在美韩两国的强压下，朝韩双方举行了累计长达 40 多个小时的高级别会谈，从而结束了这一短暂的紧张对峙。

在韩国方面，朴槿惠执政后提出了"东北亚和平合作倡议"，把实现南北统一作为重要执政目标，先后提出了"信任进程"和"德累斯顿构想"。但是，韩国倡议没有得到朝鲜的积极回应。面对朝鲜的核武威胁，韩国加快了强军步伐，进一步加强了与美国的军事安全合作，推迟了从美军手中收回作战指挥权的计划。此外，美日韩三国还在三边军事合作上实现了突破，形成了三边军事协调机制的雏形。尽管日韩军事合作背后有美国的压力，但基础还是日韩有共同应对来自朝鲜威胁的现实需要。事实上，2015 年以来，韩国对朝鲜表现出了一种更为强硬的姿态。例如，韩国坚持要求在朝鲜具备"弃核诚意"后才能进行有效对话，还在军事上将"5027"等对朝作战计划更新为"5016"作战计划，提出了一套基于"先发制人"考虑的、用以打击朝鲜"挑衅性行动"的作战方针和指导原则。与此同时，为了对朝鲜施加政治压力，韩国政府在首尔设立了"朝鲜人权事务所"，就人权问题向朝鲜施压，积极支持将朝鲜人权问题提交联合国审议。

2015 年 12 月，金正恩在国内公开活动中表示，朝鲜已经具备了制造氢弹的能力，并暗示将进行氢弹试验，导致半岛局势骤然紧张。2016 年 1 月 6 日，朝鲜宣布成功进行了氢弹试验，并在此后不顾国际社会的普遍反对，执意于 2 月 7 日以弹道导弹技术发射了"光明星 4 号"卫星。这次新的核试验及其随后的卫星发射所引发的新一轮矛盾冲突和局势紧张升级，把南北关系推向了新的对抗局面，引起了一系列综合性的危险反应。韩国不仅恢复了对朝高音喇叭广播，而且大幅度提升军事对抗级别，加大了与美国的军事合作力度，决定部署"萨德"导弹防御系统，中断开城工业园区项目，并且还有一系列后续措施正在商讨之中。朝鲜也不甘示弱，宣布开城工业园为军事管制区，并将接收韩方在园区内的一切资产。当前，朝韩对抗仍在进一步升级中。

面对朝鲜半岛的复杂紧张局势，中国从维护自身安全利益和半岛稳定的大局出发，在坚持朝鲜半岛无核化原则不动摇、反对朝鲜拥有和发展核武器的同时，保持与朝鲜的正常交流合作。应该说，中国的这种做法是有利于维护朝鲜半岛大局稳定的。但是，朝鲜半岛的根本性矛盾依然存在，随时都有爆发的危险。朝鲜半岛问题的根源始终在于美国的对朝政策和朝美关系。

（三）钓鱼岛及东海：风险犹存

钓鱼岛问题涉及中国的领土主权，中国对该地区进行常态化机制化巡航是必然之举，而日本坚持钓鱼岛主权无争议的立场，必然会让中日双方处于尖锐的对立状态。如果双方不能坐下来谈判，对立似乎无解；而如果对立升级，局势则有可能失控。

也许是出于对风险的共同认知，中日两国在围绕钓鱼岛问题而展开的博弈中保持了一种"微妙的平衡"，双方都在尽可能避免让局势向失控的方向发展。中国海警和日本海上保安厅的执法船都在钓鱼岛海域执行各自的巡航任务，但双方都未派遣军事力量进入这一海域。

然而，中日两国军事力量在各自防空识别区内针对另一方的管控频率仍然保持在较高水平。据日本防卫省统合幕僚监部的数据，仅在 2015 年上半年，为应对中国飞机，日本航空自卫队的战斗机便紧急升空了 207 次。

值得注意的是，日本在钓鱼岛问题上正在实质性加强对中国的反制，不断提高拒阻能力。一方面，在舆论上加强攻势。日本内阁官方网站公布钓鱼岛的所谓"历史档案"，试图证明钓鱼岛属于日本；日本政府在修订中小学教材时，大幅增加了有关钓鱼岛的内容，对于中国有关钓鱼岛主权的宣示进行针锋相对的反驳。另一方面，在实际行动上，日本大幅度提升执法力量，加强对钓鱼岛的主权宣示，增加预算，主要用于购买新型喷气式飞机和巡逻船；海上保安厅计划将原本设在宫古岛的海上保安署升格为海上保安部，规模从 50 人增加到 100 人，同时在其附近的伊良部岛配备 50 人的执法队伍和 3 艘小型巡逻船。

更为值得关注的是，2015 年 4 月底，日美两国签订新的《防卫合作指针》，日美同盟在合作的深度及广度方面都得到了质的提升，美国方面一再公开表示，钓鱼岛在美日共同防卫范围之内，美国会对钓鱼岛承担相应的责任。此外，安倍内阁强行通过新安保法案，利用"重要影响事态"、"存立危机事态"和"灰色地带事态"三个核心概念颠覆了原有的安保体制，在制度上彻底摆脱了和平宪法和国会在对外动武问题上的牵制和掣肘。显然，日本安全战略和防务政策的变化在很大程度上是针对中国的，"中国威胁"已成为日本制定各类安保政策的最重要借口。安倍本人在 6 月初举行的媒体"恳亲会"上直言，"新安保法案就是以中国为对手的"。

中日两国正处在历史发展进程中的力量转圜期，中国综合实力继续提升是一个历史大趋势，在此背景下日本把防备和拒阻中国作为一项主要战略，因此，钓鱼岛和东海地区成为日本的"战略前沿"。从这个角度来看，当前的钓鱼岛和东海问题具有两个潜在风险：一是可能的实力对抗升级，进而加剧紧张局势；二是可能的擦枪走火，进而引发更大的冲突。一个积极的进展是，中日两国政府已经就在钓鱼岛和东海地区避免军事摩擦举行了多轮磋商，预计还会作出更多的努力以达成相关协议。

四　周边安全热点未来走向

2016 年会是一个多事之年。世界和地区经济低速增长的阴霾难以散去，一些矛盾冲突点将会继续发热，大国博弈的联发效应会继续扩散。从中国周边安全的角度来说，最重要的还是要妥善管控分歧，维护周边局势的基本稳定，避免局部冲击整体，让和平发展的大环境得以维持和延续。

（一）朝鲜半岛局势

朝鲜不顾国际社会的普遍反对和劝阻，悍然进行新一轮核试、射星，联合国安理会通过第 2270 号决议，对朝鲜采取了"史上最严厉"的制裁措施；美国借机大幅度增加在日本、美韩国的军事部署，日、韩也都与美国加强军事合作，美韩宣布决定在韩部署美国"萨德"反导系统并加快部署进程，美日韩拉开对朝进行军事打击的架势，象征半岛南北合作的开城工业园关闭（朝鲜将其变为军事管制区），南北联系完全中断，双方剑拔弩张，发生不测事件的风险大大增加。

朝鲜半岛局势事关中国的安全，中国已多次表示决不允许在家门口生战生乱。无论是朝鲜发展核武器，还是美国借机把核武器部署到韩国，都会危及中国的安全；若美国对朝鲜使用武力，则后果难以预料，朝鲜半岛有可能爆发大规模战争，甚至会把中国拖入其中。因此，尽管中国支持联合国对朝鲜实施新一轮制裁，以对朝鲜施加更大的压力，让其为继续发展核武器付出代价，但是，中国仍会避免让局势朝极端的方向发展，如果发生大的冲突和战争，必然会殃及中国的安全利益。为此，中国不会放弃通过谈判解决问题的基本立场。

不过，从六方会谈的经验来看，只有美朝双方作出大的政策调整重返对话协商，才能推动有关问题逐步得到解决。当前朝鲜半岛形势仍然紧张。在此情况下，中国必须为可能发生的不测做好应急准备。从中国的选择来看，半岛不生战生乱符合中国的最大利益。中国政府已经清楚地表明了立场：朝鲜半岛不能有核（包括朝鲜发展与美国部署），半岛问题不能用武力解决，中国的国家安全利益必须得到有效维护和保障。

朝鲜半岛问题的根源在美朝关系，当前和今后一个时期，无论哪一方采取切实的调整与改变，都可能对局势的发展产生转折性影响，但现在看来很难。当然，出于对自身和地区和平利益的考虑，中国会根据自己的判断，采取积极有为的行动，制止生战生乱，推进有利于朝鲜半岛长久和平的安全机制建设。

（二）中美战略博弈

2016 年是美国的大选年。根据以往经验，涉华问题往往会成为美国总统选战中的一个重要话题，妖魔化中国、攻击中国的调门可能上升。但是，鉴于现任总统任期已近，一般会采取较为保守的稳健政策，不会寻求作出大的调整和改变。奥巴马的亚太再平衡战略会进一步推行，美国会继续在南海示强，拉拢盟国和其他国家制约中国的行为等都会继续下去。同时，也会继续保持同中国的接触与协商，推进双边、地区、全球多个领域的功能性合作。

然而，中美在安全领域的博弈也存在一些不可轻视的风险点：其一，管控朝鲜半岛局势。朝鲜进行新一轮核、导试验为本来就不稳定的半岛局势又烧了一把火。中美在管控朝鲜半岛局势，制止朝冒险行为上有着共同利益，可以进行合作，但在对朝制裁的目的和方式上存在重大分歧。中国反对美国借制裁之机在韩部署"萨德"系统。在可控与稳妥的基础上解决半岛问题仍然是中国的上策选择。其二，管控南海局势。中国会进一步加强在南海的岛礁建设，提升在南海地区的军事力量，而美国会继续在海上和空中进行挑衅，如果缺乏相关约束，无视中方警告，行动出格，还是有可能发生突发性事件的。同时，所谓菲律宾南海仲裁庭对菲律宾的"南海诉讼"公布所谓裁决结果后会发生什么事情，很难预料。比如，如果菲律宾方面采取莽撞行动，中国必定会采取反制措施，这无疑会增加发生冲突的风险。其三，管控台海局势。台湾地区领导人选举结束，实现政党轮替，蔡英文的施政定会较马英九有很大变化，台当局将如何处理与大陆的关系和与美国的关系引人注目。过去若干年来，包括民进党执政时期，中美在维护台海局势稳定方面进行了有效的战略沟通与协调。民进党在传统上具有亲美、近日和疏远大陆的情结，美国方面如果把民进党作为制约中国大陆的工具，为其"重返亚洲"的战略服务，鉴于台湾问题涉及中国的核心利益，这势必会对中美关系造成严重影响。

（三）中日安全困境

安倍长期执政为其继续推行其理念和政策提供了基础，其理念与政策的核心是"强国战略"，其中，构建强大且能行使更大自主权的国防力量是这一战略的重要内容，包括自卫队走出去、扩大武器出口等。在这方面，安倍可能还会做更多，包括加强对钓鱼岛的防卫和在东海地区的海空力量等。当前，日本在日美同盟强化的背景下，将会获得更大的活动空间，行动将会更具进攻性和对抗性。中国面对的将是一个更加活跃，甚至有些咄咄逼人的日本。日本希望在南海问题上"更有作为"，将继续配合美国的行动。此外，日本还会加强与菲律宾、越南的军事合作，向其提供武器，举行联合军事演习等。日本这样做，一是要借机拓展日本的安全空间，增大战略回旋余地；二是要提升日本的地区影响力，压制中国。可以说，中日双方除了对可能发生的"擦枪走火"有着共同的担心，都有意向通过协商制定规则外，两国在安全领域的合作空间较为有限，目前尚未找到走出安全困境的有效对策。

（四） 恐怖主义威胁

恐怖主义蔓延是当今世界安全形势中最令人关注的事态，因为恐怖主义具有隐蔽性高、突发性强、危害性大的特点，特别是恐怖势力的暴恐活动多以平民为目标，一旦发生，会引起极大的社会震动与不安。在中国周边，阿富汗、巴基斯坦、印度尼西亚，以及中亚国家都是恐怖势力活跃的地区，恐怖活动接连不断。境外恐怖势力同中国境内的极端势力和分裂势力存在多种联系，共同制造过多起事端。2015 年，中国着力加强了国内反恐力度，制定通过了《反恐怖主义法》，对我筑牢反恐法律基础、更好开展国内反恐斗争、积极推进反恐国际合作具有重要深远意义。但是，在国际上，特别是中国周边地区的恐怖主义势力仍然很活跃，发生恐怖主义袭击的概率很高。鉴于中国与周边国家有着密切的经贸、投资、旅游联系，中国公民的人身安全面临很大威胁。在新形势下，海外中国公民的人身安全、投资项目安全、资金投入安全等已经成为总体国家安全越来越重要的组成部分。由中国倡议并积极推动和参与的"一带一路"建设已经进入实施阶段，中国的项目、投资和参与人员很多，维护项目、资金和人员安全的任务很重。为此，中国会把"一带一路"建设中的安全合作纳入国际合作议程，会进一步加强国际反恐合作，充分利用上海合作组织、中国—东盟合作机制等现有合作机制，以及各种双边合作安排等，建立有效的反恐合作机制和渠道，特别是在信息交换、情报共享、联合行动等领域采取务实有效的合作举措。

结　语

近年来，伴随着国际国内形势的巨大变化，中国的安全战略和安全政策也相应地发生了很大变化。在国内安全方面，成立了中央国家安全委员会，提出了以总体国家安全观为统领的一系列新安全理念。在对外安全方面，提出了合作安全、共同安全的新构想。在安全环境与安全机制构建方面，中国彰显了做新型大国的决心和担当。当前，尽管中国的周边安全环境面临着诸多新挑战，但总的来看，挑战和机遇并存。安全环境构建必须服务于中国的总体发展战略，符合做新型大国的战略定位。中国不会在涉及国家安全的重大问题上作任何让步，必然对那些危及国家重大利益的挑战或挑衅进行反制，但同时又会从构建和平发展周边环境的大局出发，审慎与理智地处理争端，竭力降低发生冲突的风险，努力寻求对话、协商与合作的机会，增强对于大局的掌控能力。

"不畏浮云遮望眼，不为挑衅乱心性。"中国是一个大国，中国综合实力的持续提升必然会引起国际社会和周边国家复杂与多样的反应。在这一过程中，中国自身对于外部安全的要求与期待也会发生相应的变化。中国对于周边安全形势的判断，既不能低估威胁与风险，也要避免以点盖面、过度反应。应对复杂多变的周边形势，最需要的是战略定力与战略韧性。

张蕴岭，男，第十、十一、十二届全国政协委员，现任中国社会科学院学部委员、国际研究学部主任、地区安全研究中心主任，中国亚太学会会长，研究员，博士生导师。1992 年被评为国家有突出贡献的专家。长期从事国际问题研究，曾担任中国社会科学院欧洲研究所副所长、日本研究所所长、亚洲太平洋研究所所长，东亚展望小组成员，中国—东盟合作专家组成员，东亚自贸区联合专家组组长，东亚紧密经济伙伴专家组成员，美国哈佛大学、约翰·霍普金斯大学访问学者，美国麻省理工学院、日本中央大学、新加坡南洋理工大学等特聘客座教授。

主要著作：《在理想与现实之间：我对东亚合作的研究、参与和思考》《世界经济中的相互依赖关系》《寻求中国与世界的良性互动》《构建开放合作的国际环境》等。主要论文：《中国发展战略机遇期的国际环境》《中国周边地区局势和中日关系》《东北亚格局的新历史重构与美国》《中国的周边区域观回归与新秩序构建》《亚太经济一体化与合作进程解析》《大战略下的"一带一路"建设》《东北亚区域合作与新秩序的构建》等。

任晶晶，男，外交学博士，中国社会科学院当代中国研究所副研究员，中国社会科学院地区安全研究中心副秘书长，国家行政学院国际事务与中国外交研究中心、国际关系学院中国与国际关系研究中心特约研究员。毕业于中国人民大学国际关系学院外交学专业，获博士学位。主要从事中国对外政策、国际战略、周边安全等领域的研究工作。近10年来，先后发表学术论文、理论文章、国际问题评论等二百余篇，承担或参与多项研究课题，多次荣获省部级以上优秀科研成果奖。曾赴澳大利亚、新西兰、韩国、香港等国家和地区开展学术研究工作。

合著：《当代世界政治与经济》《中华人民共和国外交史》《中华人民共和国史编年》《中华人民共和国国情词典》《国家智慧：新中国外交风云档案》等。主要论文：《新地区主义视角下的中国东亚区域合作外交》《中国公共外交：风生水起正当时》《国际体系变革下的中美关系》《中国周边安全环境：新动向与新特点》《20世纪90年代中期以来中国新安全观的理论与实践》《新世纪以来中国推动国际关系民主化的理论与实践》《"一带一路"背景下中国经济外交的战略转型》"China's Democracy to Prosperity"等。